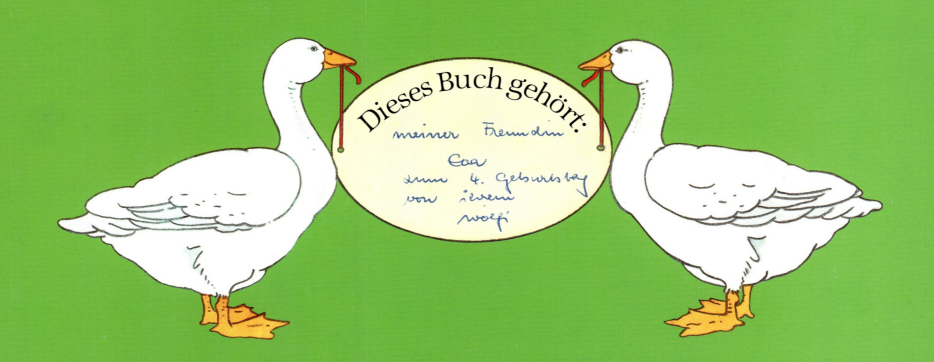

Dieses Buch gehört:
meiner Freundin
Eva
zum 4. Geburtstag
von ihrem
wolfi

Katja ist sieben Jahre alt. Im Sommer hat sie mit ihren Eltern Ferien auf dem Land gemacht.
Katja hat einen Urgroßvater. Das ist der Vater von der Großmutter, und die wiederum ist die Mutter von Katjas Mutter.
Der Urgroßvater erzählt gern und oft Geschichten von früher. Als er so alt war, wie Katja jetzt ist, hat er auf einem Bauernhof gelebt. Doch da war vieles anders als auf dem Bauernhof, den Katja in den Ferien auf dem Land kennengelernt hat.

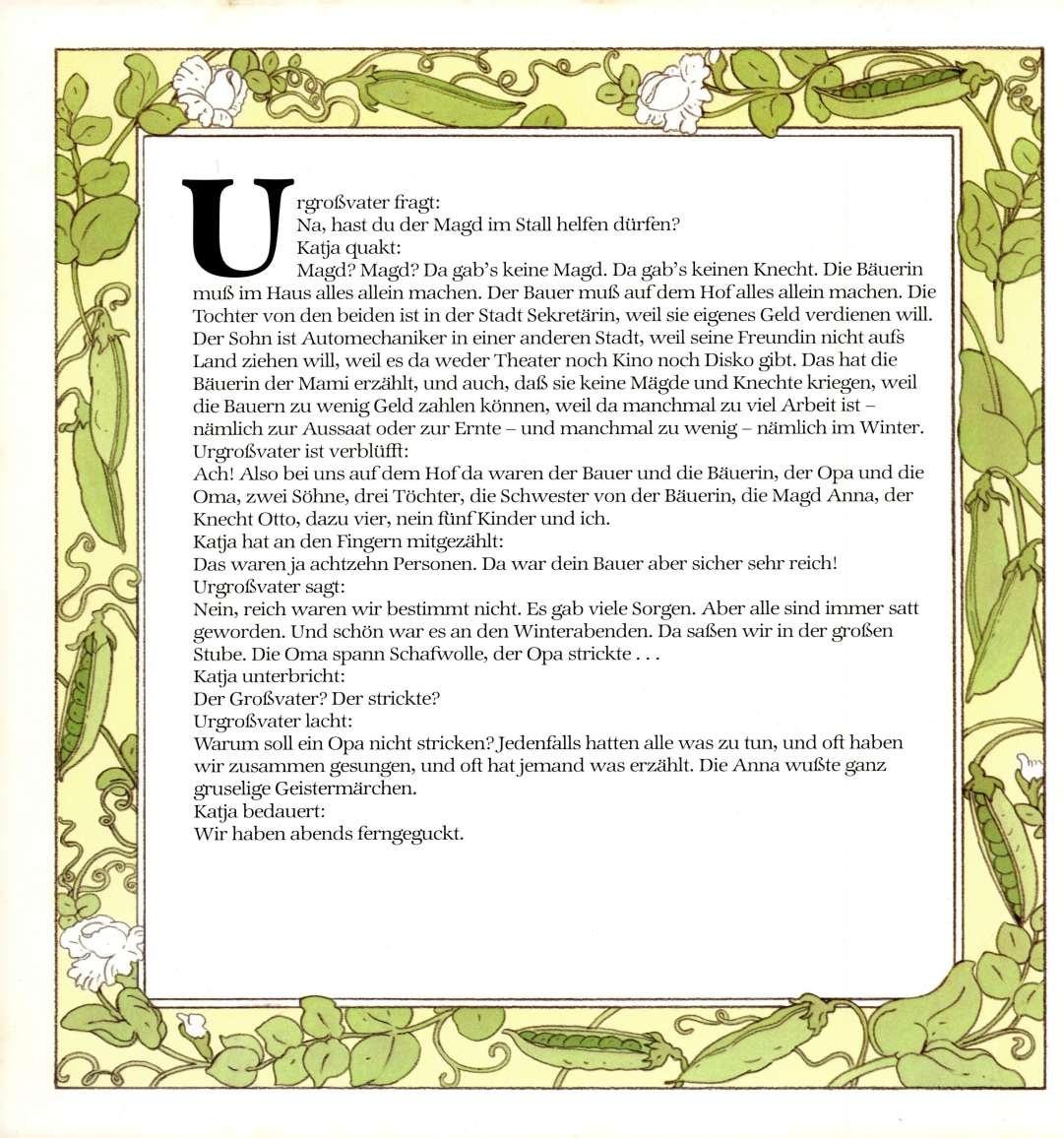

Urgroßvater fragt:
Na, hast du der Magd im Stall helfen dürfen?
Katja quakt:
Magd? Magd? Da gab's keine Magd. Da gab's keinen Knecht. Die Bäuerin muß im Haus alles allein machen. Der Bauer muß auf dem Hof alles allein machen. Die Tochter von den beiden ist in der Stadt Sekretärin, weil sie eigenes Geld verdienen will. Der Sohn ist Automechaniker in einer anderen Stadt, weil seine Freundin nicht aufs Land ziehen will, weil es da weder Theater noch Kino noch Disko gibt. Das hat die Bäuerin der Mami erzählt, und auch, daß sie keine Mägde und Knechte kriegen, weil die Bauern zu wenig Geld zahlen können, weil da manchmal zu viel Arbeit ist – nämlich zur Aussaat oder zur Ernte – und manchmal zu wenig – nämlich im Winter.
Urgroßvater ist verblüfft:
Ach! Also bei uns auf dem Hof da waren der Bauer und die Bäuerin, der Opa und die Oma, zwei Söhne, drei Töchter, die Schwester von der Bäuerin, die Magd Anna, der Knecht Otto, dazu vier, nein fünf Kinder und ich.
Katja hat an den Fingern mitgezählt:
Das waren ja achtzehn Personen. Da war dein Bauer aber sicher sehr reich!
Urgroßvater sagt:
Nein, reich waren wir bestimmt nicht. Es gab viele Sorgen. Aber alle sind immer satt geworden. Und schön war es an den Winterabenden. Da saßen wir in der großen Stube. Die Oma spann Schafwolle, der Opa strickte ...
Katja unterbricht:
Der Großvater? Der strickte?
Urgroßvater lacht:
Warum soll ein Opa nicht stricken? Jedenfalls hatten alle was zu tun, und oft haben wir zusammen gesungen, und oft hat jemand was erzählt. Die Anna wußte ganz gruselige Geistermärchen.
Katja bedauert:
Wir haben abends ferngeguckt.

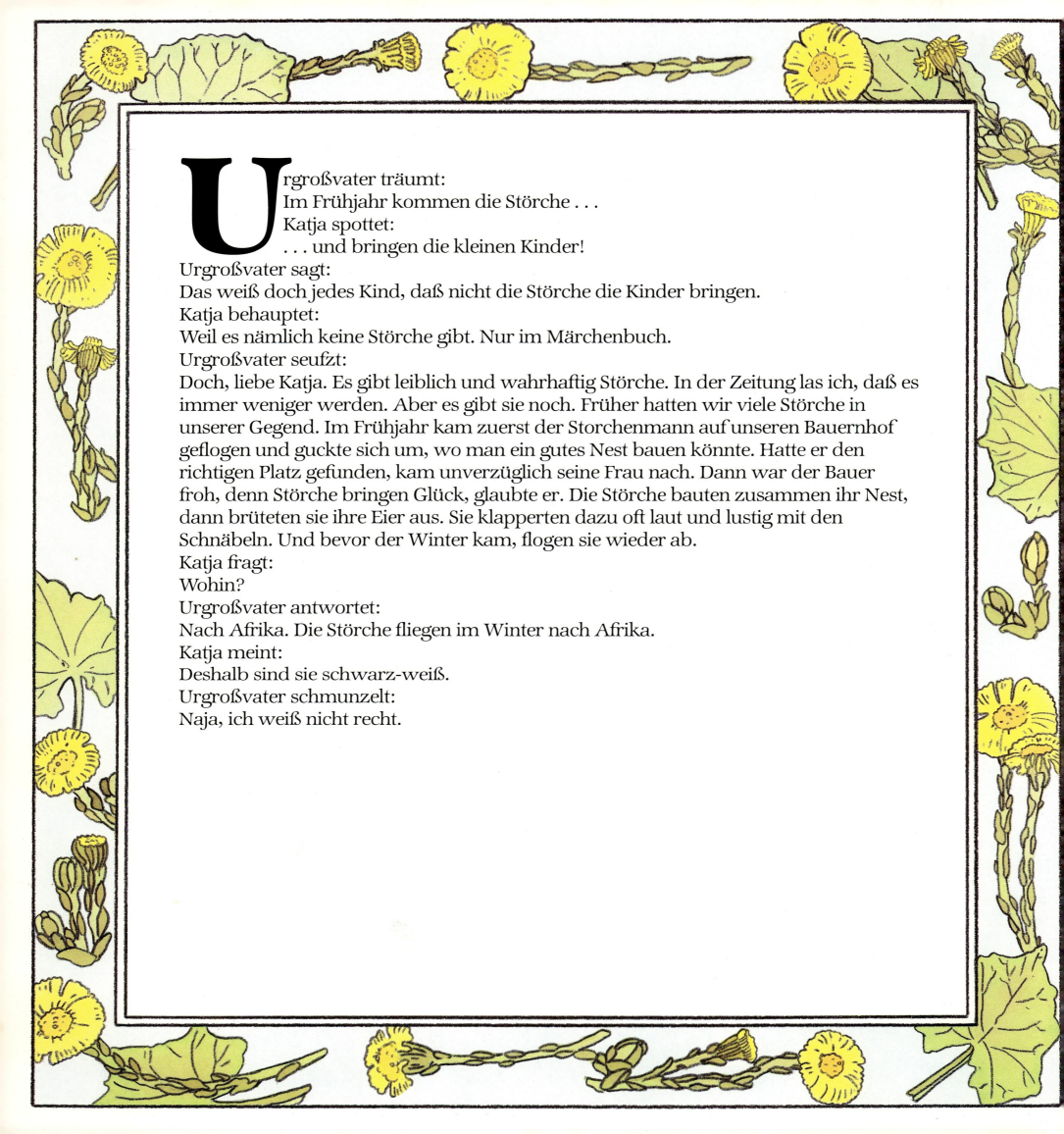

Urgroßvater träumt:
Im Frühjahr kommen die Störche...
Katja spottet:
... und bringen die kleinen Kinder!
Urgroßvater sagt:
Das weiß doch jedes Kind, daß nicht die Störche die Kinder bringen.
Katja behauptet:
Weil es nämlich keine Störche gibt. Nur im Märchenbuch.
Urgroßvater seufzt:
Doch, liebe Katja. Es gibt leiblich und wahrhaftig Störche. In der Zeitung las ich, daß es immer weniger werden. Aber es gibt sie noch. Früher hatten wir viele Störche in unserer Gegend. Im Frühjahr kam zuerst der Storchenmann auf unseren Bauernhof geflogen und guckte sich um, wo man ein gutes Nest bauen könnte. Hatte er den richtigen Platz gefunden, kam unverzüglich seine Frau nach. Dann war der Bauer froh, denn Störche bringen Glück, glaubte er. Die Störche bauten zusammen ihr Nest, dann brüteten sie ihre Eier aus. Sie klapperten dazu oft laut und lustig mit den Schnäbeln. Und bevor der Winter kam, flogen sie wieder ab.
Katja fragt:
Wohin?
Urgroßvater antwortet:
Nach Afrika. Die Störche fliegen im Winter nach Afrika.
Katja meint:
Deshalb sind sie schwarz-weiß.
Urgroßvater schmunzelt:
Naja, ich weiß nicht recht.

Katja singt:
Eine liebe Kuh
ruft ihrem Bauern zu:
„Muh! Muh! Muh!"
Viele liebe Kühe
schrei'n schon in der Frühe:
„Mühe! Mühe! Mühe!"

Urgroßvater sagt:
Ich glaube, das ist ein wahres Lied. Wir hatten damals sieben Kühe, und die Bäuerin mußte jeden Morgen früh jede Kuh melken, und abends noch einmal.

Katja lacht:
Sieben Kühe? Hach! Unser Bauer hat über fünfzig Kühe im Stall. Und das Melken ist nicht die Hauptarbeit. Das macht die Melkmaschine. Da kommt es auf ein paar Kühe mehr oder weniger kaum an. Die meiste Arbeit macht das Stallausmisten und das Füttern.

Urgroßvater staunt:
Fünfzig Kühe? Ha, du willst mir einen Bären aufbinden. Ihr wart doch im Sommer auf dem Bauernhof. Da muß man doch nur wenig füttern und überhaupt nicht den Mist aus dem Stall holen, weil die Kühe auf der Weide sind.

Katja belehrt:
Die Kühe bleiben immer im Stall, auch im Sommer. Sie sind angekettet. Und in einem Extrastall stehen die Kälbchen.

Urgroßvater erzählt:
Das war bei uns ganz anders. Im Sommer kamen die Kühe mit ihren Kälbchen auf die Weide. Ganz lieb waren die Kühe zu ihren Kälbchen. Um den Hals hatte der Bauer ihnen Glocken gebunden. Da konnte man am Gebimmel und Geläute hören, wo die Kühe das grüne Gras und die gelben Butterblumen fraßen. Das war ein richtiges Konzert.

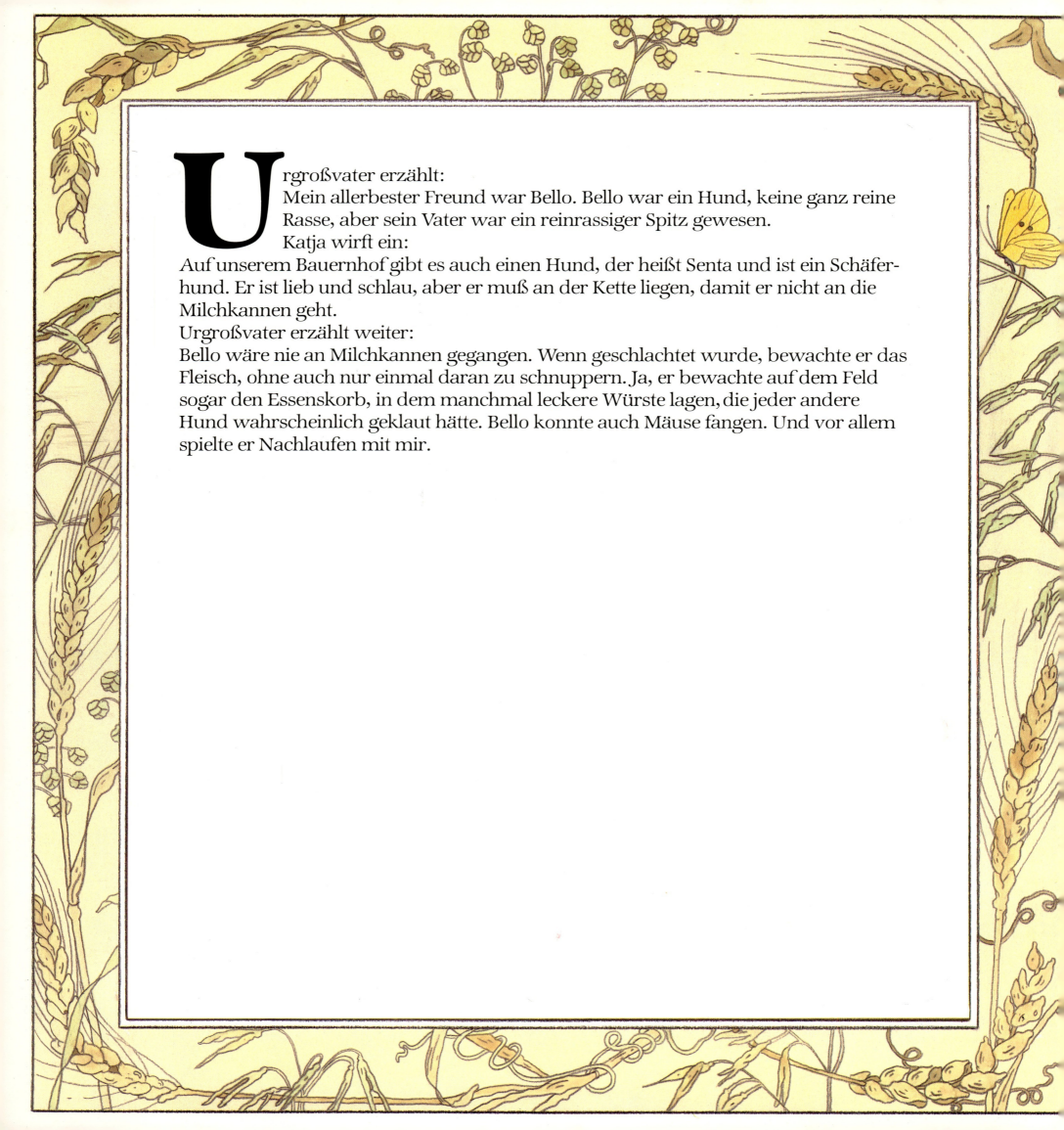

Urgroßvater erzählt:
Mein allerbester Freund war Bello. Bello war ein Hund, keine ganz reine Rasse, aber sein Vater war ein reinrassiger Spitz gewesen.
Katja wirft ein:
Auf unserem Bauernhof gibt es auch einen Hund, der heißt Senta und ist ein Schäferhund. Er ist lieb und schlau, aber er muß an der Kette liegen, damit er nicht an die Milchkannen geht.
Urgroßvater erzählt weiter:
Bello wäre nie an Milchkannen gegangen. Wenn geschlachtet wurde, bewachte er das Fleisch, ohne auch nur einmal daran zu schnuppern. Ja, er bewachte auf dem Feld sogar den Essenskorb, in dem manchmal leckere Würste lagen, die jeder andere Hund wahrscheinlich geklaut hätte. Bello konnte auch Mäuse fangen. Und vor allem spielte er Nachlaufen mit mir.

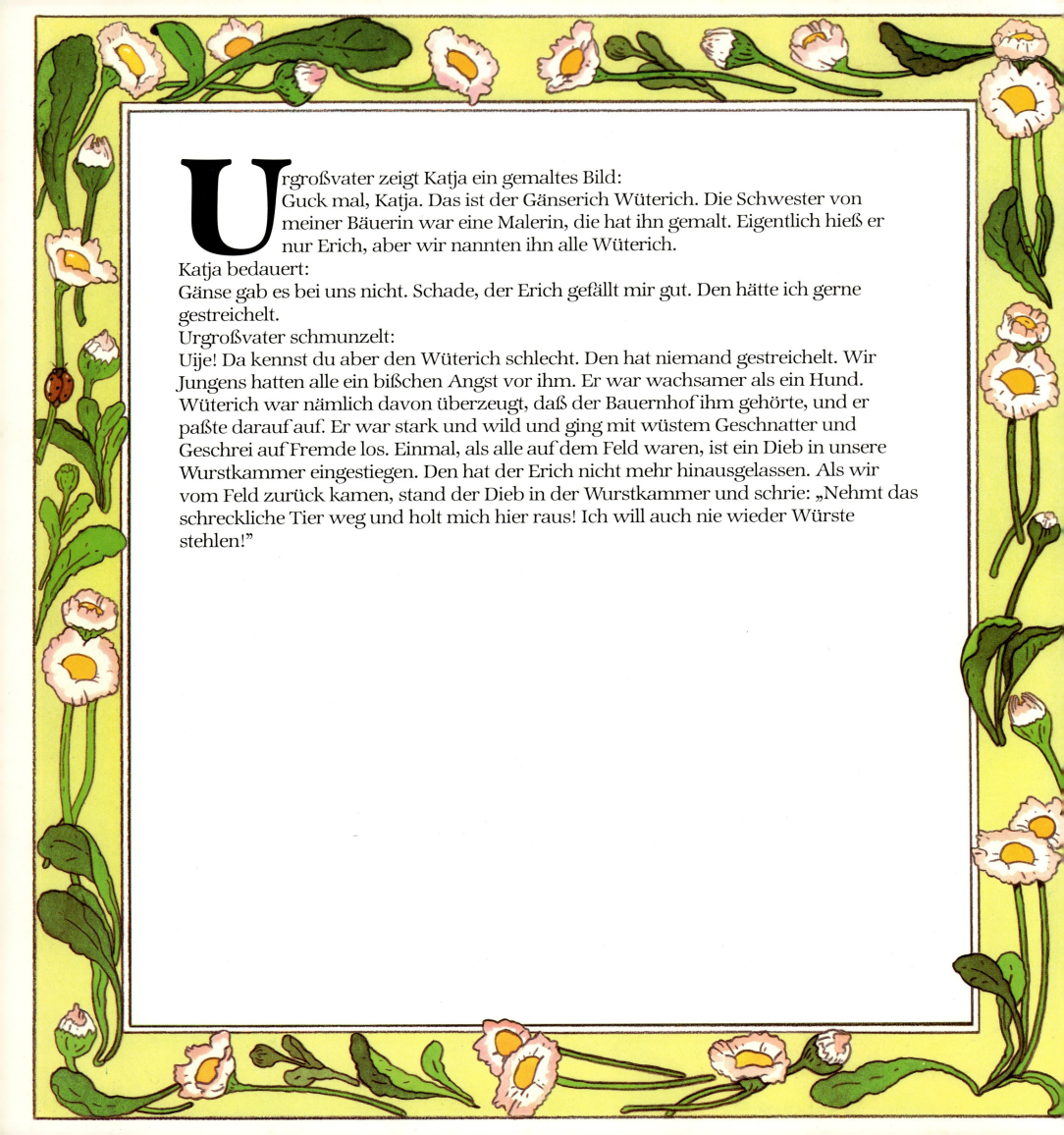

Urgroßvater zeigt Katja ein gemaltes Bild:
Guck mal, Katja. Das ist der Gänserich Wüterich. Die Schwester von meiner Bäuerin war eine Malerin, die hat ihn gemalt. Eigentlich hieß er nur Erich, aber wir nannten ihn alle Wüterich.
Katja bedauert:
Gänse gab es bei uns nicht. Schade, der Erich gefällt mir gut. Den hätte ich gerne gestreichelt.
Urgroßvater schmunzelt:
Uije! Da kennst du aber den Wüterich schlecht. Den hat niemand gestreichelt. Wir Jungens hatten alle ein bißchen Angst vor ihm. Er war wachsamer als ein Hund. Wüterich war nämlich davon überzeugt, daß der Bauernhof ihm gehörte, und er paßte darauf auf. Er war stark und wild und ging mit wüstem Geschnatter und Geschrei auf Fremde los. Einmal, als alle auf dem Feld waren, ist ein Dieb in unsere Wurstkammer eingestiegen. Den hat der Erich nicht mehr hinausgelassen. Als wir vom Feld zurück kamen, stand der Dieb in der Wurstkammer und schrie: „Nehmt das schreckliche Tier weg und holt mich hier raus! Ich will auch nie wieder Würste stehlen!"

Katja berichtet:
Eben hab' ich im Treppenhaus die Frau Hellhuber aus dem dritten Stock getroffen. Was meinst du, was die zu mir gesagt hat? Sie hat gesagt: „Na, du kleine Maus!" Wenn ich eine richtige Maus wäre, dann hätte die Frau Hellhuber nur gequietscht und wäre weggerannt.
Urgroßvater brummt:
Das glaub' ich auch.
Katja quasselt weiter:
Dabei sind Mäuse niedlich. Und sie sind so klein, sie können einem Menschen doch gar nichts tun.
Urgroßvater sagt:
Sicher sind Mäuse hübsch. Sicher sind sie so klein, daß sie Menschen nichts tun können. Aber eine Maus kommt selten allein. Und wenn viele Mäuse in den Speisekammern mausen, dann fehlt zum Schluß eine ganze Menge.
Katja sagt:
Aber Mäuse sind doch ganz selten. Ich habe noch nie eine wilde Maus gesehen. Ich kenne Mäuse nur aus der Zoohandlung.
Urgroßvater erklärt:
Auf unserem Bauernhof waren die Mäuse eine richtige Plage. Im Haus klauten die grauen Hausmäuse Mehl und Speck. Auf dem Acker fraßen die braunen Feldmäuse das Getreide weg. Gegen die Vögel, die auch Getreide stahlen, stellte der Bauer Vogelscheuchen auf. Aber die Mäuse hatten vor Vogelscheuchen keine Angst. Die Feldmäuse bauten Gänge und Höhlen unter den Getreidefeldern. Und sie wurden immer mehr. Eine einzige Feldmausfrau kann nämlich im Sommer jeden Monat ungefähr zehn Kinder kriegen. Und wenn ein Feldmausweibchen fünf Wochen alt ist, kann es schon Mutter werden. Ganz früher starben die meisten Mäuse im Winter, weil sie nicht genug zu essen hatten. Aber die Mäuse sind schlau, und als ich noch ein Junge auf dem Bauernhof war, da kamen selbst die Feldmäuse im Winter in unsere Vorratskammern und fraßen sich satt. Und unsere Katzen konnten die wirklich nicht alle fangen, so viele waren es. Ganz früher haben Füchse und Dachse und Wiesel und große Vögel den Katzen geholfen. Aber diese Tiere hat der Mensch vertrieben. Jetzt würden halt die Mäuse immer mehr, wenn man sie nicht bekämpfte.
Katja meint:
Da wär's doch gut, wenn man einige Füchse, Dachse, Wiesel und große Vögel zurückholte.

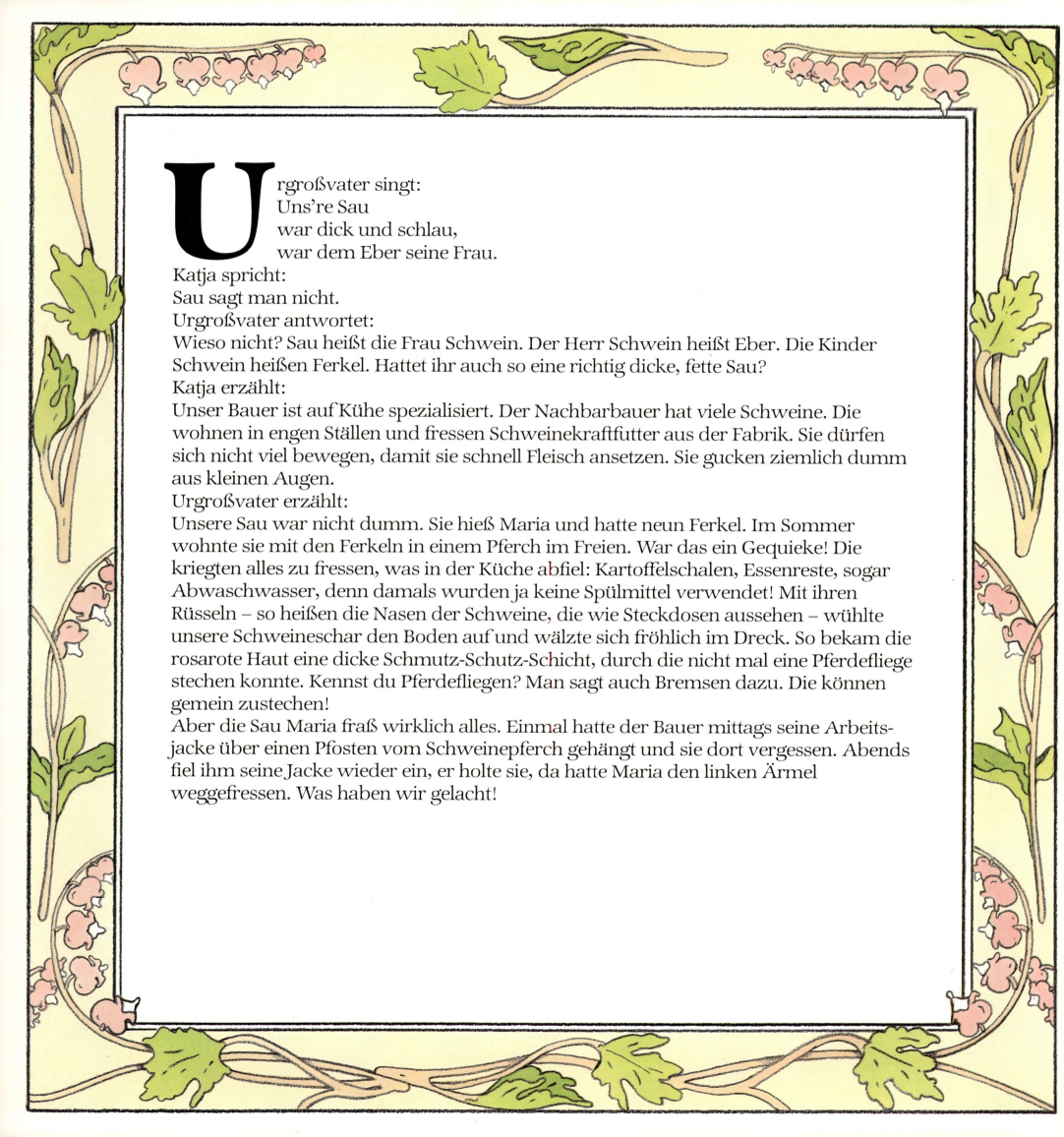

Urgroßvater singt:
Uns're Sau
war dick und schlau,
war dem Eber seine Frau.
Katja spricht:
Sau sagt man nicht.
Urgroßvater antwortet:
Wieso nicht? Sau heißt die Frau Schwein. Der Herr Schwein heißt Eber. Die Kinder Schwein heißen Ferkel. Hattet ihr auch so eine richtig dicke, fette Sau?
Katja erzählt:
Unser Bauer ist auf Kühe spezialisiert. Der Nachbarbauer hat viele Schweine. Die wohnen in engen Ställen und fressen Schweinekraftfutter aus der Fabrik. Sie dürfen sich nicht viel bewegen, damit sie schnell Fleisch ansetzen. Sie gucken ziemlich dumm aus kleinen Augen.
Urgroßvater erzählt:
Unsere Sau war nicht dumm. Sie hieß Maria und hatte neun Ferkel. Im Sommer wohnte sie mit den Ferkeln in einem Pferch im Freien. War das ein Gequieke! Die kriegten alles zu fressen, was in der Küche abfiel: Kartoffelschalen, Essenreste, sogar Abwaschwasser, denn damals wurden ja keine Spülmittel verwendet! Mit ihren Rüsseln – so heißen die Nasen der Schweine, die wie Steckdosen aussehen – wühlte unsere Schweineschar den Boden auf und wälzte sich fröhlich im Dreck. So bekam die rosarote Haut eine dicke Schmutz-Schutz-Schicht, durch die nicht mal eine Pferdefliege stechen konnte. Kennst du Pferdefliegen? Man sagt auch Bremsen dazu. Die können gemein zustechen!
Aber die Sau Maria fraß wirklich alles. Einmal hatte der Bauer mittags seine Arbeitsjacke über einen Pfosten vom Schweinepferch gehängt und sie dort vergessen. Abends fiel ihm seine Jacke wieder ein, er holte sie, da hatte Maria den linken Ärmel weggefressen. Was haben wir gelacht!

Katja schwärmt:
Weißt du, was ich gerne für ein Tier hätte? Ich hätte gerne so ein wischelwaschelwuschelwolliges wuselwunderweiches wonnigweißes Lämmchen. Tagsüber geht es mit mir spazieren, hüpft vor mir her, ruft „Bäh" und „Mäh". Es geht auch mit in die Schule, und wenn die Lehrerin zu ihm sagt „Du darfst nicht in die Klasse", dann meckert es leise „Schmäh", aber dabei guckt es so lieb und freundlich, daß ihm niemand böse sein kann. Überhaupt, wenn jemand zu meinem Lämmchen sagt „Geh' weg, hier darf nur die Katja sein", dann sagt es ganz sanft „Näh" und bleibt. Um den Hals hat mein Lämmchen ein silbernes Glöckchen, damit klingelt und läutet es. Abends schläft es unter einem Sternenbaum . . .
Urgroßvater fragt:
Was ist denn ein Sternenbaum?
Katja antwortet:
Das ist doch einleuchtend, was ein Sternenbaum ist. Auf dem Sternenbaum wachsen Sterne, die funkeln und glitzern. Manchmal fällt ein Sternchen vom Baum, und wer es findet, der kann sich etwas wünschen.
Urgroßvater fragt:
Und was wünschst du dir?
Katja antwortet:
Daß mein Lämmchen richtig sprechen kann.

Urgroßvater fragt:
Hat euch morgens der Hahn mit seinem Krähen geweckt?
Katja erzählt:
Auf unserem Bauernhof gibt es nur Wasserhähne. Die krähen nie. Sie tropfen nur, wenn man sie nicht richtig zudreht. Das hilft beim Einschlafen und weckt niemanden auf.
Urgroßvater staunt:
Und es gab keinen richtigen Hahn mit bunten Federn auf eurem Bauernhof? Und es gab keine Hühner?
Katja antwortet:
Es gab keine Hühner. Es gab keinen Hahn. Aber in der Nähe ist eine Hühnerfarm. Vater hat sie mir gezeigt. Ich habe nur ganz kurz reingeguckt, dann bin ich weggelaufen. Die Hühner hocken eng gedrängt in einer Baracke. Sie müssen ihre Eier auf ein Transportband legen. Einen Hahn habe ich nicht gesehen.
Urgroßvater erzählt:
Damals auf meinem Bauernhof gab es einen stolzen Hahn. Er war der Herr von vielen Hühnern. Die scharrten überall, am liebsten auf dem Misthaufen. Hoch oben aber stand der Hahn und krähte: „Die hier sind mir! Die hier sind mir!" Eine unserer Hennen hieß Jettchen, die versteckte ihre Eier stets an einem anderen Ort, mal auf dem Fenstersims, mal in der Hundehütte. Wir mußten oft lange nach ihren Eiern suchen. Aber lecker waren sie. Morgens ganz früh, wenn die Sonne aufging, weckte uns der Hahn.

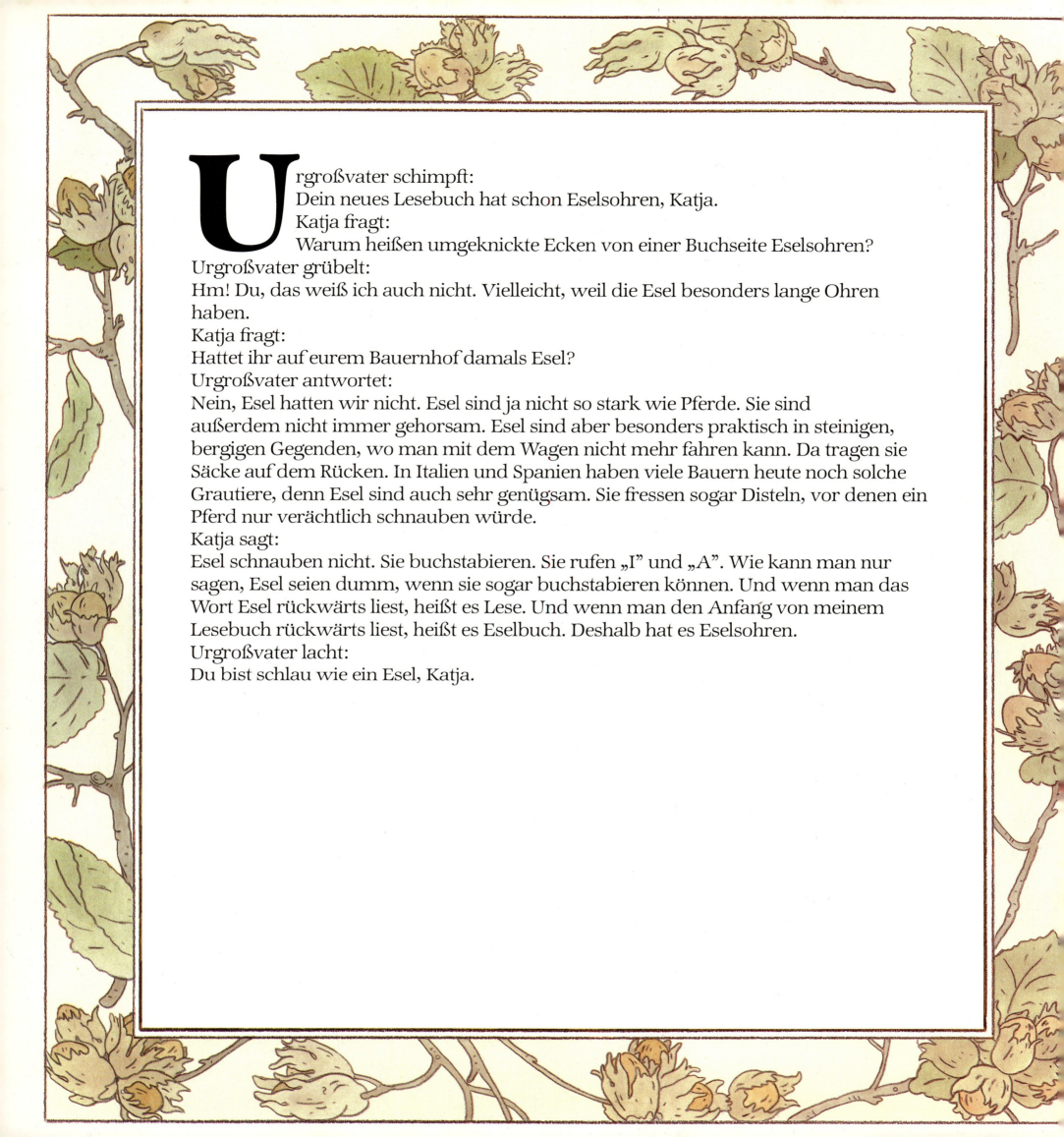

Urgroßvater schimpft:
Dein neues Lesebuch hat schon Eselsohren, Katja.
Katja fragt:
Warum heißen umgeknickte Ecken von einer Buchseite Eselsohren?
Urgroßvater grübelt:
Hm! Du, das weiß ich auch nicht. Vielleicht, weil die Esel besonders lange Ohren haben.
Katja fragt:
Hattet ihr auf eurem Bauernhof damals Esel?
Urgroßvater antwortet:
Nein, Esel hatten wir nicht. Esel sind ja nicht so stark wie Pferde. Sie sind außerdem nicht immer gehorsam. Esel sind aber besonders praktisch in steinigen, bergigen Gegenden, wo man mit dem Wagen nicht mehr fahren kann. Da tragen sie Säcke auf dem Rücken. In Italien und Spanien haben viele Bauern heute noch solche Grautiere, denn Esel sind auch sehr genügsam. Sie fressen sogar Disteln, vor denen ein Pferd nur verächtlich schnauben würde.
Katja sagt:
Esel schnauben nicht. Sie buchstabieren. Sie rufen „I" und „A". Wie kann man nur sagen, Esel seien dumm, wenn sie sogar buchstabieren können. Und wenn man das Wort Esel rückwärts liest, heißt es Lese. Und wenn man den Anfang von meinem Lesebuch rückwärts liest, heißt es Eselbuch. Deshalb hat es Eselsohren.
Urgroßvater lacht:
Du bist schlau wie ein Esel, Katja.

Urgroßvater, den eine Fliege ärgert, brummt:
Fliegen und Ziegen
kann man nicht kriegen.
Katja fragt:
Wieso kann man Ziegen nicht kriegen?
Urgroßvater antwortet:
Weil sie so eigensinnig sind. Weißt du das nicht?
Katja sagt:
Woher soll ich das wissen? Auf unserem Bauernhof gibt es keine. Ziegen liefern zu wenig Milch, hat der Bauer gesagt.
Urgroßvater erzählt:
Dabei ist Ziegenmilch besonders lecker, und sie soll auch besonders gesund sein. Wir hatten drei Ziegen und einen Ziegenbock. Die mußten im Sommer immer draußen auf der Wiese angebunden werden. Aber Ziegen sind ja so pfiffig. Besonders eine von ihnen, sie hieß Gerlinde, schaffte es immer wieder, den Strick von ihrem Halsband loszumachen. Und dann tauchte sie überall auf, wo sie nicht gebraucht wurde, und sie machte lauter Blödsinn. Uns Kinder stupste sie von hinten, nicht so feste, daß wir uns weh taten, aber fest genug, daß wir umfielen. Und dann meckerte sie, und das hörte sich an, als würde sie lachen. Einmal, im Herbst, hatte sie sich wieder befreit, und da war sie in den Obstgarten gelaufen. Wir Kinder waren auch gerade im Obstgarten, wollten uns Äpfel holen, naja, eigentlich und um es genau zu sagen: Wir wollten Äpfel klauen. Gerlinde wollte uns stupsen, da sind wir schnell in den Apfelbaum geklettert. Und was tat das listige Tier? Es stieß mit seinem dicken, harten Kopf heftig gegen den Baum, daß die Äpfel nur so herunterprasselten. Wir mußten uns gut festhalten, sonst wären wir hinterhergeprasselt. Aber wenn Gerlinde müde und satt war, dann durften wir sie streicheln. Sie hatte ein ganz seidiges Fell, diese wilde Hörnerziege.

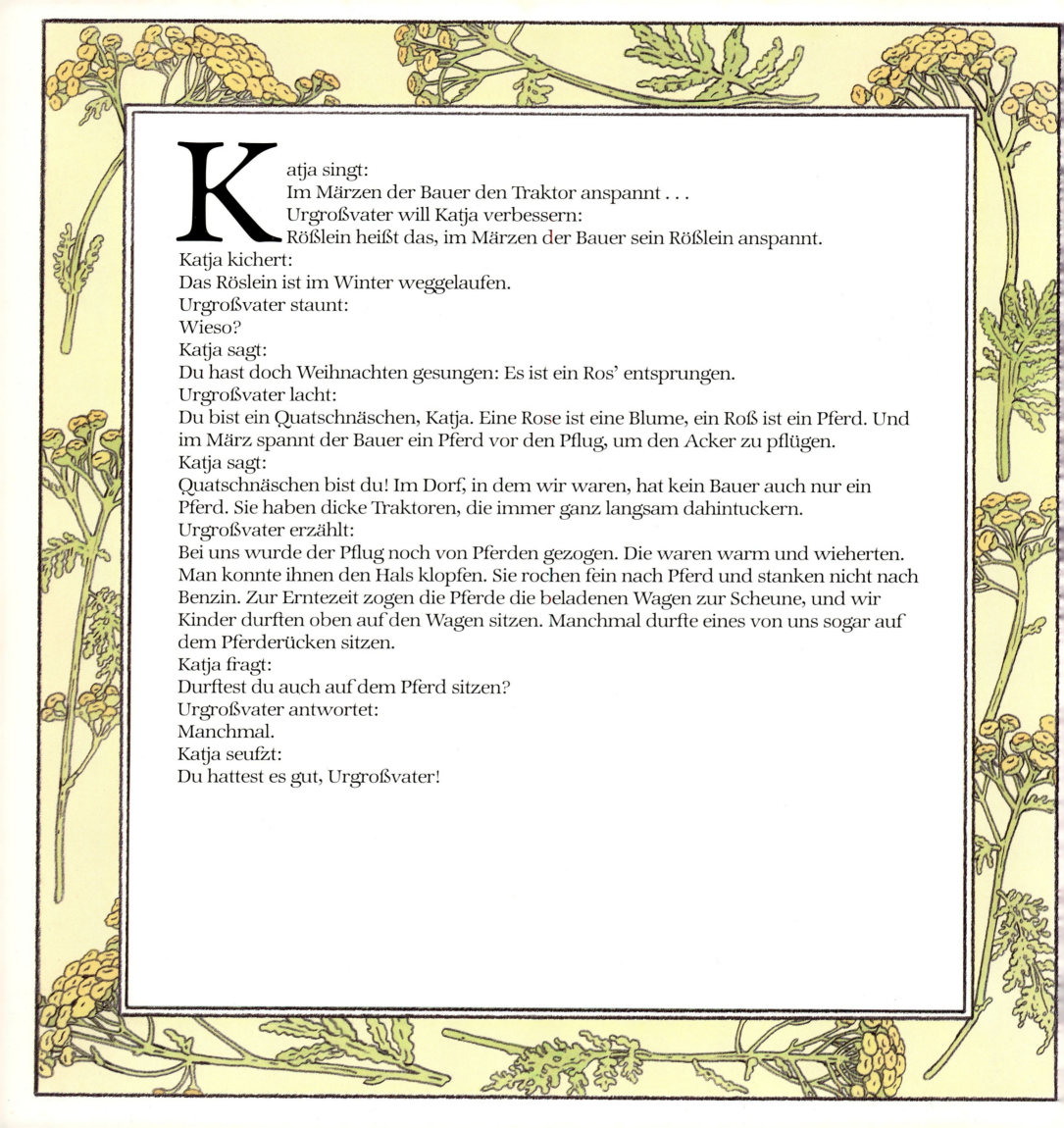

Katja singt:
Im Märzen der Bauer den Traktor anspannt...
Urgroßvater will Katja verbessern:
Rößlein heißt das, im Märzen der Bauer sein Rößlein anspannt.
Katja kichert:
Das Röslein ist im Winter weggelaufen.
Urgroßvater staunt:
Wieso?
Katja sagt:
Du hast doch Weihnachten gesungen: Es ist ein Ros' entsprungen.
Urgroßvater lacht:
Du bist ein Quatschnäschen, Katja. Eine Rose ist eine Blume, ein Roß ist ein Pferd. Und im März spannt der Bauer ein Pferd vor den Pflug, um den Acker zu pflügen.
Katja sagt:
Quatschnäschen bist du! Im Dorf, in dem wir waren, hat kein Bauer auch nur ein Pferd. Sie haben dicke Traktoren, die immer ganz langsam dahintuckern.
Urgroßvater erzählt:
Bei uns wurde der Pflug noch von Pferden gezogen. Die waren warm und wieherten. Man konnte ihnen den Hals klopfen. Sie rochen fein nach Pferd und stanken nicht nach Benzin. Zur Erntezeit zogen die Pferde die beladenen Wagen zur Scheune, und wir Kinder durften oben auf den Wagen sitzen. Manchmal durfte eines von uns sogar auf dem Pferderücken sitzen.
Katja fragt:
Durftest du auch auf dem Pferd sitzen?
Urgroßvater antwortet:
Manchmal.
Katja seufzt:
Du hattest es gut, Urgroßvater!

Katja muffelt:
Alle wollen was von mir. Abtrocknen soll ich. Einkaufen soll ich. Schulaufgaben machen soll ich. Aufräumen soll ich. Freundlich sein soll ich…Hach! Manchmal möchte ich direkt ein Igel sein, mich zusammenrollen, und dann habe ich rundherum Stacheln und piekse alle, die was von mir wollen.
Urgroßvater sagt:
Und wenn du dann hungrig wirst, dann rollst du dich wieder auf und gehst dir ein paar Schnecken zum Abendessen suchen.
Katja kreischt:
Schnecken? Igitt!
Urgroßvater sagt:
Ja, denkst du denn, die Mutti würde einem Igel Erbsensuppe mit Würstchen kochen?
Katja erzählt:
Auf unserem Bauernhof wohnt auch ein Igel. Dem stellt die Bäuerin abends immer die Reste vom Katzenfutter raus, und er kommt und scheppert mit dem Katzenfutterschüsselchen. Die Bäuerin hat gesagt, er ist nützlich, weil er aus ihrem Gemüsegarten die Schnecken wegfrißt. Man konnte ihn gut begucken, denn er hat kaum Angst. Wenn jemand sich ihm nähert, rollt er sich höchstens zu einer Stachelkugel zusammen. Die Katze tut immer so, als bemerke sie ihn gar nicht, obwohl sie sonst ein schlimmes Theater aufführt, wenn jemand – etwa der Hund Senta – an ihr Schüsselchen geht.
Urgroßvater erzählt:
Die Katze hat sich sicherlich mal in die Nase gepiekst, und seitdem weiß sie, daß man den Igel am besten in Ruhe läßt. Igel haben wirklich wenig Angst, denn ihnen tut ja kaum jemand etwas, weil sie so stachelig und eingerollt schlecht angreifbar sind. Auf unserem Bauernhof hatten wir mal im Winter einen Igel im Keller, der wurde nachts ganz munter und rollte die Kohlen herum. Das polterte, und anfangs habe ich gedacht, da seien Gespenster. Er wohnte im Keller, weil er im Herbst noch zu klein war. Wenn nämlich so ein kleiner Igel noch zu leicht ist, hat er zu wenig Speck, um durch den Winter zu kommen. Im Winter findet er ja kein Futter, und deshalb schläft er den ganzen Winter über. Aber ein zu leichter Igel darf nicht einschlafen. Er muß fressen. Deshalb hatten wir ihn im Keller, wo es warm war, so daß er nicht merkte, daß draußen Winter war. Und wir fütterten ihn mit Apfelstückchen und durchgedrehtem Fleisch. Im nächsten Frühjahr haben wir ihn dann freigelassen. Da kannte er uns so gut, daß er uns jeden Abend besuchte. Und aus Dankbarkeit hat er alle Schnecken und Käfer vom Salat weggefressen.

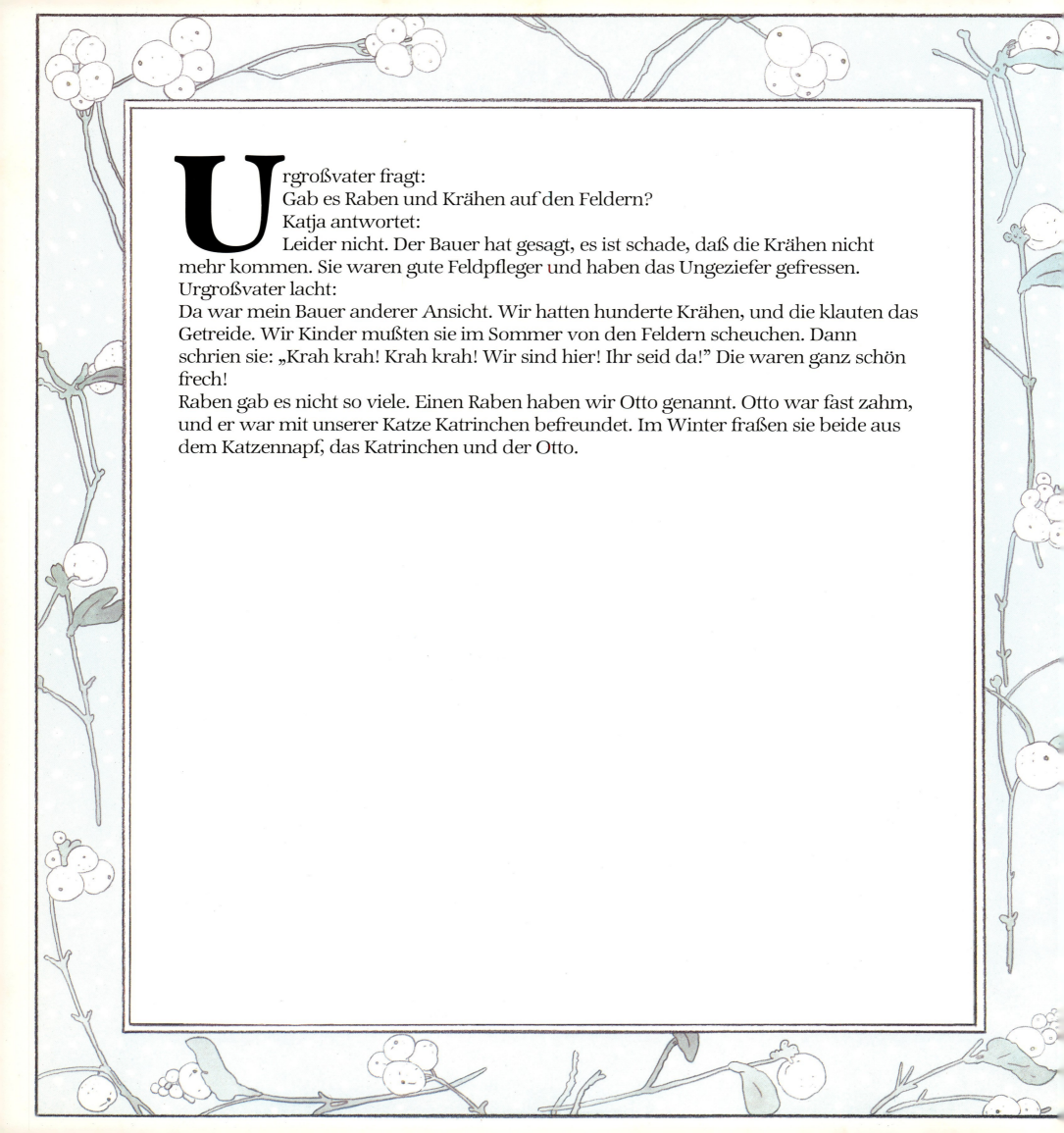

Urgroßvater fragt:
Gab es Raben und Krähen auf den Feldern?
Katja antwortet:
Leider nicht. Der Bauer hat gesagt, es ist schade, daß die Krähen nicht mehr kommen. Sie waren gute Feldpfleger und haben das Ungeziefer gefressen.
Urgroßvater lacht:
Da war mein Bauer anderer Ansicht. Wir hatten hunderte Krähen, und die klauten das Getreide. Wir Kinder mußten sie im Sommer von den Feldern scheuchen. Dann schrien sie: „Krah krah! Krah krah! Wir sind hier! Ihr seid da!" Die waren ganz schön frech!
Raben gab es nicht so viele. Einen Raben haben wir Otto genannt. Otto war fast zahm, und er war mit unserer Katze Katrinchen befreundet. Im Winter fraßen sie beide aus dem Katzennapf, das Katrinchen und der Otto.

Urgroßvater möchte wissen:
Durftest du die Kaninchen streicheln?
Katja ist erstaunt:
He? Kaninchen. Wohl auch noch Bienchen?
Bienchen und Kaninchen, was?
Urgroßvater ist noch erstaunter:
Selbstverständlich! Kaninchen! Sag' bloß, ihr hättet keine Kaninchen gehabt?
Katja will ihren Urgroßvater belehren:
Mensch, Urgroßvater. Kaninchen lohnen sich nicht. Das hat der Bauer erklärt. Kaninchen machen viel Dreck, viel Arbeit, und sie haben keine Nachfrage.
Urgroßvater ist wütend:
Nachfrage! Nachfrage! Was für komische Worte heutzutage die kleinen Mädchen aus der Stadt wissen!
Auch Katja ist sauer:
Ich bin nicht klein! Und Nachfrage ist, wonach die Leute fragen. Beim Metzger fragen sie nach Rindfleisch und nach Schweinefleisch. Außerdem fragen sie nach Hähnchen zum Braten oder Grillen, vielleicht nehmen sie auch noch ein tiefgefrorenes Huhn für die Suppe mit. Doch kein Mensch fragt nach Kaninchen!
Urgroßvater kann das nicht verstehen:
Dabei sind Kaninchen das Tollste! Sie fressen Gras, manchmal eine Möhre, außerdem Disteln, am liebsten Löwenzahn, davon werden sie schön fleischig. Die Arbeit haben wir Kinder getan. Gerne. Es war schöne Arbeit. Wir sammelten Löwenzahn und fütterten damit die Kaninchen. Wir machten den Stall sauber, und dann schmusten wir mit den kuscheligen Tierchen. Wir streichelten sie, während sie friedlich mümmelten. Sie waren so niedlich, unsere Kaninchen.

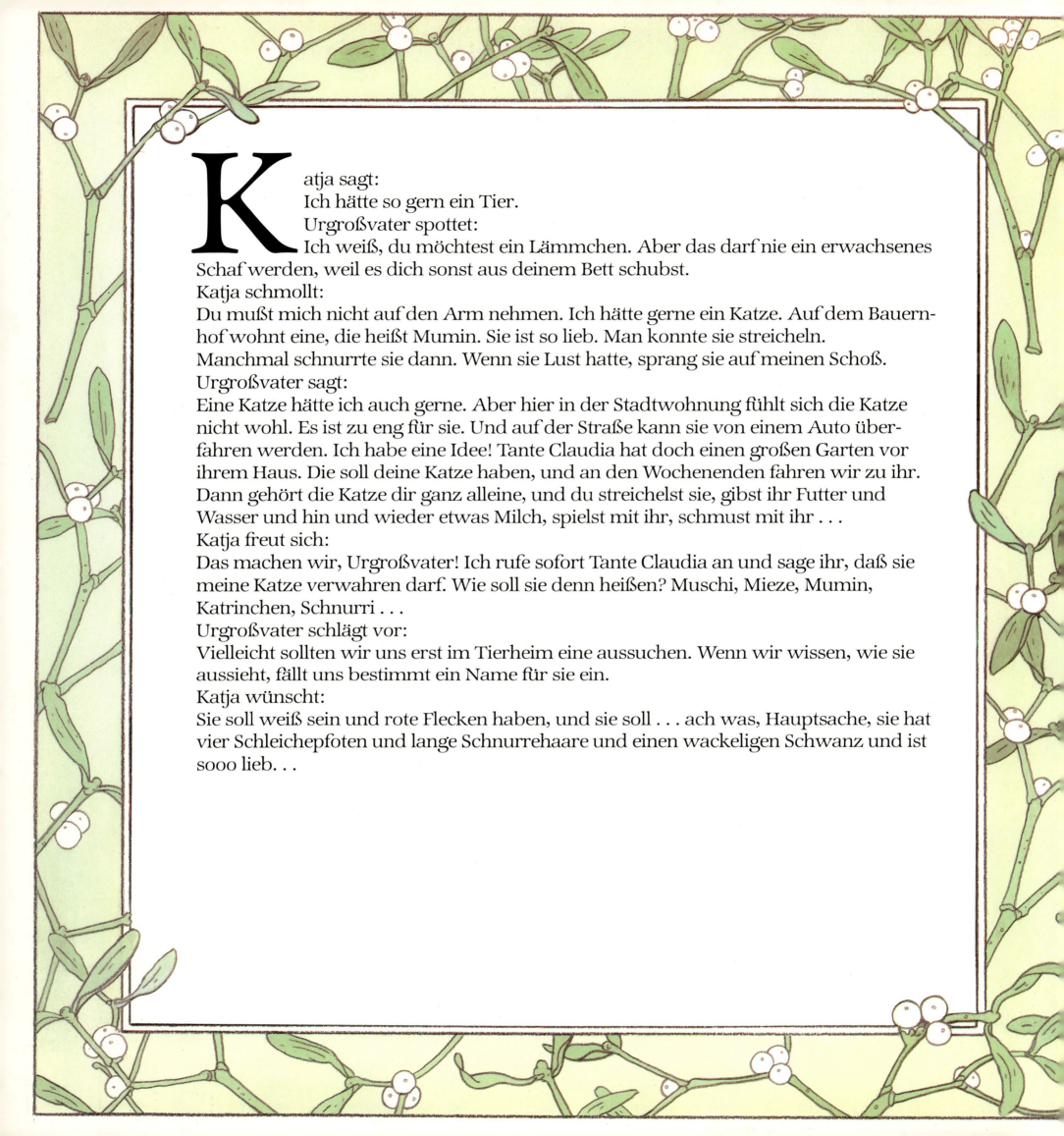

Katja sagt:
Ich hätte so gern ein Tier.
Urgroßvater spottet:
Ich weiß, du möchtest ein Lämmchen. Aber das darf nie ein erwachsenes Schaf werden, weil es dich sonst aus deinem Bett schubst.
Katja schmollt:
Du mußt mich nicht auf den Arm nehmen. Ich hätte gerne ein Katze. Auf dem Bauernhof wohnt eine, die heißt Mumin. Sie ist so lieb. Man konnte sie streicheln. Manchmal schnurrte sie dann. Wenn sie Lust hatte, sprang sie auf meinen Schoß.
Urgroßvater sagt:
Eine Katze hätte ich auch gerne. Aber hier in der Stadtwohnung fühlt sich die Katze nicht wohl. Es ist zu eng für sie. Und auf der Straße kann sie von einem Auto überfahren werden. Ich habe eine Idee! Tante Claudia hat doch einen großen Garten vor ihrem Haus. Die soll deine Katze haben, und an den Wochenenden fahren wir zu ihr. Dann gehört die Katze dir ganz alleine, und du streichelst sie, gibst ihr Futter und Wasser und hin und wieder etwas Milch, spielst mit ihr, schmust mit ihr . . .
Katja freut sich:
Das machen wir, Urgroßvater! Ich rufe sofort Tante Claudia an und sage ihr, daß sie meine Katze verwahren darf. Wie soll sie denn heißen? Muschi, Mieze, Mumin, Katrinchen, Schnurri . . .
Urgroßvater schlägt vor:
Vielleicht sollten wir uns erst im Tierheim eine aussuchen. Wenn wir wissen, wie sie aussieht, fällt uns bestimmt ein Name für sie ein.
Katja wünscht:
Sie soll weiß sein und rote Flecken haben, und sie soll . . . ach was, Hauptsache, sie hat vier Schleichepfoten und lange Schnurrehaare und einen wackeligen Schwanz und ist sooo lieb. . .

ISBN 3-88547-201-5
VVA-Nr. 297/00201-1

© 1983 F. Coppenrath Verlag, Münster
Alle Rechte vorbehalten, auch auszugsweise.
Druck: Kleins Druck- und Verlagsanstalt, Lengerich
Buchbinderische Verarbeitung: Klemme & Bleimund, Bielefeld
Printed in W.-Germany